AURONS-NOUS

LA

GUERRE AVEC L'ANGLETERRE?

PARIS

IMPRIMERIE DE L. TINTERLIN ET Ce

rue Neuve-des-Bons-Enfants, 3.

AURONS-NOUS

LA GUERRE

AVEC

L'ANGLETERRE ?

PAR

S. MEDOROS.

PARIS

E. DENTU, LIBRAIRE-ÉDITEUR

PALAIS-ROYAL, 13, GALERIE D'ORLÉANS.

1858

AURONS-NOUS
LA GUERRE

L'ANGLETERRE?

————o✠o————

Alors que la diplomatie, dominée elle-même par une influence plus puissante qu'aucune autre — celle du génie, — croit fixer l'attention de l'Europe sur les Conférences de Paris et sur la question des Principautés Roumaines, il semble que des faits bien graves, et qui sont de nature à amener peut-être un changement dans la carte géographique de l'Europe, se mûrissent sous un voile mystérieux.

Un grand fait historique se prépare : mais ne peut-il pas être prévu par ceux qui suivent sans passion les événements européens et analysent tranquillement les pensées et les actions des rois, que le droit héréditaire (vieux legs du moyen âge) ou la volonté du peuple (source unique, désormais, du pouvoir suprême) ont placés à la tête des sociétés?... Les avantages que donne la logique sur le fanatisme de l'amour ou de la haine, nous laissent toute notre liberté d'esprit pour chercher à deviner les résultats de leur politique.

Aurons-nous la guerre avec l'Angleterre?... Traditions, haines nationales, espoirs de vengeance, blessures encore saignantes, voilà ce que cette demande seule va exciter, voilà ce que nous allons exhumer et toucher. Nous ne pourrons être accusés de chercher à augmenter encore la méfiance outrée qui existe entre les deux nations, car déjà l'anxiété est fiévreuse, en Angleterre, surtout, où chaque opinion recherche, commente, explique tout ce qui se rapporte à cette grave question, que certains organes de la presse enveniment avec une colère mal déguisée.

Aurons-nous la guerre avec l'Angleterre?... Voilà tout simplement ce qu'on se demande en France. Mais si l'idée d'une guerre semblable est tellement enracinée dans l'esprit des nouvellistes, que les invitations, les rendez-vous et même les fêtes splendides de Cherbourg, leur semblent plutôt un moyen de faire parade de force qu'une démonstration amicale, n'en faut-il pas accuser les ridicules appréhensions des journaux anglais, qui voient partout des menaces? N'ont-ils pas poussé *le mauvais goût* jusqu'à manifester *de singulières susceptibilités*, parce que sur le monument élevé à Napoléon Ier sur le port de Cherbourg, on avait placé la statue de l'Empereur de façon que son doigt était dirigé du côté de l'Angleterre? Voilà sans doute des sujets de récriminations bien étranges, mais qui n'en servent pas moins à exciter une antipathie qui est bien loin d'être effacée.

Jetons nos regards sur la France et son gouvernement. — Aujourd'hui toute l'Europe populaire s'obstine à croire que Napoléon III prépare un de ces grands faits avec lesquels il a déjà étonné le monde. Cette croyance des peuples, encouragée par le silence du gouvernement impérial, a monté jusqu'aux cabinets diplomatiques et gagné la tribune des Parlements. L'Europe attend de Napoléon III quelque grand fait, car elle connaît son génie, car elle ne l'a pas quitté du regard depuis son berceau.

Mais quelle est cette pensée intime que l'Europe suppose à l'Empereur?

En dépit d'un traité d'alliance, en dépit des manifestions officielles et même de l'accolade fraternelle d'Osborne renouvelée à Cherbourg, l'Europe intelligente comprend que toute affection est impossible entre la France et l'Angleterre; que Napoléon III peut être l'allié, mais non l'ami du gouvernement anglais. Un duel semble déclaré par le cabinet de Saint-James à l'Empire; car, même à présent, au moment où la reine Victoria assiste aux grandes fêtes de Cherbourg, son gouvernement, toujours méfiant, envoi des ordres belliqueux à l'arsenal de Wolwich. L'Empereur ne l'ignore pas : il sait que le gouvernement d'Angleterre n'aime pas voir, à quelques heures de Londres, trôner un prince qui est une menace permanente pour l'Angleterre ; il connaît toutes les démarches mystérieuses de ses hommes d'État, et il se tait. — *Les politiques*, qui ne mesurent les événements que d'après leur intelligence bornée, n'ont vu dans l'alliance de Napoléon III avec l'Angleterre que des traditions oubliées et des concessions faites aux rois. Mais le peuple, dans sa grande intelligence instinctive, a voulu voir Aboukir, Trafalgar et Waterloo vengés par un traité qui devait avoir pour résultat de dévoiler à l'Europe l'impuissance britannique. L'Empereur a soulevé la pourpre qui cachait les blessures de l'Angleterre, et il les a montrées au monde. Le prestige de la puissance anglaise a commencé à s'évanouir en Crimée, et il achève d'expirer dans l'Inde.

Quelquefois le peuple pourrait donner des leçons de logique et de bon sens aux *philosophes politiques !*

Après le 2 décembre, les politiques lilliputiens qui jugeaient Napoléon III comme un homme vulgaire, s'attendaient chaque jour à le voir tirer l'épée placée sur l'urne de Sainte-Hélène. Ils ne voyaient en lui que le vengeur du premier Bonaparte. Les yeux tournés vers les côtes britanniques, ils attendaient l'établissement d'un autre camp de Boulogne, sans comprendre que les raisons qui avaient poussé Napoléon Ier à chercher par tous les moyens possibles la ruine de l'Angleterre, n'existaient pas pour Napoléon III. Le second Empire n'avait pas à craindre une coalition payée par l'Angleterre, la politique de Peel n'était plus à l'ordre du jour au cabinet de Saint-James; aussi l'Europe vit-elle l'Angleterre tendre la main à la France, lorsque Louis-Bonaparte fut salué Napoléon III.

Dès ce moment, une guerre avec l'Angleterre, dans le seul but de venger le martyr de Sainte-Hélène, eût pu marquer une grande page dans l'histoire de Napoléon III, mais la conscience des peuples ne l'aurait jamais acquitté du sang qu'il aurait fallu verser pour la soutenir. Ensuite, on ne doit pas juger de Napoléon III comme on pourrait le faire de tout autre prince, car il y a des hommes qu'il faut mesurer aux grands événements. L'Europe en 1852 n'était pas la même qu'en 1799. La pensée avait tracé des sillons lumineux, même dans les rangs des masses, et ce qui avait été possible en 1799 aurait peut-être manqué en 1852.

Cependant l'Europe suivait de son regard la politique de l'Empereur et attendait, anxieuse, sa manifestation. Elle le vit faire de la France un terrible rempart ; elle vit se dresser en quelques années des travaux que dix rois, ses prédécesseurs, n'avaient pu faire exécuter ; elle vit se dessiner partout les longs rubans de fer de ses chemins ; elle assista à la réorganisation de son artillerie et de sa marine ; elle vit comment les soldats français avaient profité de l'école de gloire ouverte depuis trente ans en Algérie : elle comprit alors, ou plutôt elle voulut comprendre quel projet était dans la pensée du prince qui dominait toutes ces grandes choses, et, les yeux toujours fixés sur l'Angleterre, l'Europe sembla désigner une descente à Douvres comme le but des grands travaux napoléoniens.

On sait comment, après l'attentat du 14 janvier, cet esprit séculaire de rancune et d'inimitié de l'Angleterre contre la France, étouffé un instant sous les lauriers obtenus par l'armée française dans la guerre d'Orient, s'est relevé avec toute sa première énergie. Deux ennemis puissants se sont trouvés en présence : la presse française et la presse anglaise. Bien qu'ils n'aient jamais osé attaquer directement leur gouvernement, les épigrammes, les allusions, les sarcasmes blessants des journaux anglais contre leurs adversaires, ont excité de plus en plus cette haine qui se cache mal sous des compliments affectés. Le cabinet de Saint-James, quoique toujours humble et respectueux devant le cabinet des Tuileries, souriait sous cape aux résolutions des *meetings* de Londres, aux manifestations bruyantes de la plèbe anglaise, et à la violence de langage du *Times*.

Que faisait-il pendant ce temps, le gouvernement français?... De quelle façon répondait-il à ces menaces timides de celui d'outre-Manche? Le cabinet des Tuileries, tranquille et confiant dans la toute-puissance de sa force, regardait avec mépris ces manœuvres, et s'amusait de temps à autre à ordonner des parades à ses régiments, certain que cela suffisait pour imposer à ces hommes d'État, qui, de leurs froids cabinets d'outre-Manche, mesurent l'équilibre européen comme, pour ainsi dire, sur des pendules *à compensation*. Il est vrai que la presse anglaise cherchait à les rassurer au nom du peuple d'Angleterre; mais le remède était plus dangereux que le mal, car les vieux renards d'Holy-James auraient préféré les intimations du comte de Morny à une assurance qui leur fût venue du peuple.

Sous cette indifférence apparente, néanmoins, Napoléon III continuait d'achever ses projets en créant une terrible marine qui, à un jour donné, fût de force à imposer le respect, même à celle de l'Angleterre, qui voudrait trôner éternellement en souveraine sur toutes les mers.

L'Angleterre, frappée de stupeur, vit se ranger dans la rade de Cherbourg les grands vaisseaux d'une nouvelle marine que, depuis trente ans, elle supposait impossible. Elle vit Cherbourg, avec ses bassins et ses quais, se dresser menaçant en face de Portsmouth et de Plymouth, dont l'importance décline vis-à-vis de ce terrible rempart achevé par Napoléon III; elle vit à ses portes cet immense arsenal, et dut avouer, même dans ses Parlements, que Cherbourg valait bien tous ses arsenaux. C'était un grand amiral qui venait de le dire, et la presse même, dans son impudence, n'aurait pu donner un démenti à lord Napier. A ce spectacle, la France applaudit son Empereur, quelques républicains furent convertis, et l'Europe admira.

Depuis les glorieuses défaites de Trafalgar et d'Aboukir, la marine française était restée presque entièrement détruite. Il est bien vrai qu'elle n'avait jamais baissé son pavillon, et que les victoires des Anglais étaient de nature à rappeler le mot du roi Pyrrhus; mais enfin sa destruction était un fait accompli.

Napoléon Ier, l'homme aux projets géants, pour qui le bombardement de Vienne, la prise de Moscou, de Berlin et de Madrid n'étaient pas de grandes choses, tant que Londres pourrait impunément défier sa puissance, comprit toute l'importance qu'il y avait à réparer cette perte. Malheureusement le temps lui manqua; de terribles événements vinrent occuper ses forces et exigèrent trop de sacrifices pour qu'il pût suivre le plan qu'il s'était tracé. « *La France ne sera jamais à sa place que lorsque sa marine pourra lutter avec succès contre la marine anglaise,* » disait-il au général Gourgaud, pendant la captivité de Sainte-Hélène ; jusqu'à sa mort, il regretta que les circonstances l'eussent empêché d'y parvenir. —Trente ans plus tard, Napoléon III devait se rappeler les paroles de son oncle.

Est-ce que le gouvernement de la *Restauration* pouvait réaliser cette pensée?.. La France, bien qu'envahie par dix-sept armées, comptait toujours au rang des nations, puisque les étrangers eux-mêmes, étonnés de son courage héroïque, se hâtaient d'évacuer cette noble terre. Il eût donc fallu lui créer des moyens de sûreté et de défense pour l'avenir. Mais les rois de la sainte-alliance l'auraient-ils permis? Et que pouvait-il, Louis XVIII? Il n'était pas redevable de sa couronne à la volonté du peuple, et même il n'ignorait pas que la grande nation, enthousiasmée par le vol sublime de l'aigle napoléonienne qui déployait ses ailes sur les ruines foudroyées de trois cents batailles, ne l'aurait pas aidé dans l'œuvre de son émancipation. Elle ne voyait en effet, qu'avec indifférence une cocarde sans lauriers, et qui ne rappelait à la France que la mort *du brave des braves*, du prince de la Moskowa. Le gouvernement d'Angleterre n'avait entendu donner la France à Louis XVIII que comme une espèce de fief de la couronne anglaise. Est-ce qu'il aurait pu lui permettre, en tout cas, de défendre des frontières que les alliés, dans leur bonhomie, supposaient devoir rester toujours ouvertes aux armées étrangères ?...

Le règne de Charles X n'apporta que peu de changement à cet état de choses : le duc d'Angoulême fut nommé grand amiral de France. Par malheur, ce prince avait peu de capacité pour la marine. Une école navale fut fondée à Angoulême ; enfin on doit se rappeler le spectacle qu'offrait la flotte qui transporta les troupes françaises à Alger. Quelques bâtiments de guerre qui se multipliaient avec un courage et une énergie toujours renaissante, accompagnant une flottille de bâtiments de commerce, voilà où en était la marine française après quinze années de paix.

Louis-Philippe lui-même ne profita guère des accusations que l'on avait portées sur ce point contre Charles X. Sous son règne, on fit timidement quelques applications de la vapeur ; on laissa mourir de faim Sauvage, l'inventeur de l'hélice. On obéissait au mot d'ordre donné par l'amirauté anglaise en laissant pourrir dans la cale les navires en construction. Quelques vives et nobles intelligences ont protesté, mais l'Angleterre pesait de tout son poids sur le gouvernement pour empêcher l'essor que pouvait prendre la marine militaire, et que prenait déjà la marine marchande. Les Chambres secondaient par une parcimonie, qu'on décorait alors du beau nom d'économie, ce mouvement de recul, et tout restait, à peu de choses près, en comparaison du progrès général, dans le *statu quo*. Pendant cette période historique que les contemporains ont nommée *une halte*

dans la boue, la France se laissait traîner complète-
ment à la remorque de l'Angleterre. La monarchie
issue des barricades de juillet, autant par surprise
que grâce aux écus des banquiers Laffitte et Ce, rece-
vait chaque matin le mot d'ordre du cabinet de Saint-
James, et c'était d'outre-Manche que l'esprit boursi-
cotier venait s'introduire dans les veines de la bour-
geoisie française. Le gouvernement anglais s'en don-
nait à cœur joie, et au nom de ses cent vaisseaux et
de ses deux cents frégates, il imposait à tous les pa-
villons l'obligation de saluer sa toute-puissance.

L'Angleterre n'ignorait pas le legs de Sainte-
Hélène ; elle se rappelait que Napoléon Ier aurait
bien pu frapper cette autocratie maritime ; qu'il
avait même essayé de le faire avec les décrets
de Milan et de Berlin, et, pour cause, elle suivait
d'un regard inquiet le rejeton de la maison Bonaparte, jurant à elle-même de soutenir, coûte que
coûte, la royauté en France, puisque ses rois étaient
si dociles et si obéissants.

Mais le gouvernement britannique oubliait dans
ses comptes que le droit et la liberté n'avaient pas été
enterrés à Waterloo, et qu'en France le peuple n'est
jamais vaincu. Elle n'avait pas vu ce peuple frémir
devant le pacte sanglant de 1815 ; elle ne l'avait pas
vu pleurer le sort de sa pauvre sœur, l'Italie, morce-
lée et tyrannisée ; elle ne l'avait pas entendu envoyer
un mot d'espérance à la noble Pologne, murmurant

encore l'hymne de la liberté, la chanson de guerre de son héros, l'infortuné Poniatowski, sous le knout de trois despotes. L'Angleterre ne voyait que sa primauté ; elle sait, en effet, qu'il faut qu'elle règne seule sur les mers, parce que ce pouvoir sans bornes est la condition indispensable de son existence, et sa devise, est le *to be or not to be* de son Shakespeare. Pour cette tâche, il lui fallait diviniser le *Crédit*, et elle achève de le faire à Utrecth. Pour cette tâche, il lui fallait capitaliser les cœurs et les bras, se mettre à la tête de l'Europe, s'appuyant sur trois géants ensanglantés, — la couronne, l'aristocratie et les Communes, — et fouler tout sentiment de liberté. C'est là son histoire. Elle avait trouvé en Europe des alliés couronnés ; elle avait même essayé d'exploiter les sympathies populaires avec *de grands mots démocratiques*, et en se posant en paladin du droit (c'est-à-dire de la drogue et du gingembre) dans l'affaire de don Pacifico, pourquoi aurait-elle douté de sa puissance ? — Mais 1848 arriva : le peuple, qui signe toujours avec le fer le dernier jugement des rois, donna une leçon à Louis-Philippe comme il en avait donné une à Charles X, et l'histoire écrivit le nom de *Waydbrige* auprès de celui de *Goritz*. La France, qui a toujours été à l'avant-garde de la révolution, donna le mot d'ordre sur les barricades de février, et l'Italie répondit au cri de liberté qui s'élevait des rives de la Seine.

L'Angleterre comprit alors que sa puissance pouvait lui échapper, et lorsque l'Europe retentissait de de ce cri : *la France est républicaine*, le gouvernement d'outre-Manche se tourna, le visage blême et les yeux égarés, vers l'Europe officielle, faisant luire ses lingots. Malheureusement, les républicains savants de 1848 n'étaient pas à la hauteur de la position. C'étaient en général des hommes honnêtes, de bonne foi pour la plupart, mais non des hommes d'État. A cette époque, et il en est encore peut-être ainsi, il suffisait d'avoir trempé sa plume dans l'encrier du journalisme politique pour qu'on se crût capable de diriger le *vaisseau de l'État*, comme on disait pompeusement alors. Les victoires obtenues sur le pouvoir par les coteries parlementaires, qui disposaient de la rédaction des journaux, entretenaient cette erreur profonde. Tant que les journalistes de ce temps-là ne furent que les instruments intelligents des sportsmen de la course aux portefeuilles, on peut convenir qu'ils ont fait au pouvoir tout le mal qu'il leur a été possible de lui faire ; mais lorsque ces hommes sont devenus eux-mêmes ce pouvoir, ils ont vu, trop tard, très-malheureusement pour la France et pour eux, quelle différence il existe entre le grand art de gouverner et l'art si facile de critiquer ou de provoquer au renversement de ceux qui gouvernent.

L'histoire de la république de 1848 serait, en effet,

2

de nature à dégoûter à jamais les hommes de cette forme de gouvernement; car, il faut le dire, les représentants républicains ont scandalisé les rois eux-mêmes. En 1848, un couplet ajouté à la *Marseillaise* aurait affranchi l'Europe. Mais la république n'a pas écouté les plaintes des peuples opprimés, les gémissements de ces forçats de naissance qui roulent le rocher meurtrisseur de Sisyphe. *Travailler, jeûner, veiller et mourir!* tel était le triste sort des prolétaires! Qu'a fait la république en leur faveur?... Un représentant poétisait le thème; un autre en faisait la musique. La démocratie timide de 1848, poussant à la paix par l'amour de l'industrie, créant une religion abstraite, une morale sans devoirs, une politique sans principes, creusa elle-même sa tombe. Un gouvernement républicain qui osa proclamer en face des huées de toute l'Europe intelligente, QUE LA RÉPUBLIQUE N'EN VOULAIT PAS AUX ROIS, QU'ELLE POUVAIT VIVRE PACIFIQUEMENT AVEC LES DESPOTES, ne doit accuser qu'elle-même de sa chute, et crier bien haut son *meâ culpâ* politique.

Devant de pareils paradoxes, le cabinet de Saint-James se rassura et remit son or dans le coffre-fort; il félicita même la nouvelle république, offrant ses services selon la vieille coutume. Mais bientôt le 2 décembre vint renverser le gouvernement républicain pour y substituer l'Empire. Qu'est-ce donc que le 2 décembre?.. Louis Bonaparte, prisonnier à Ham, dans sa lettre à M. de Lamartine, jugeait ainsi le coup d'État du 18 brumaire : « *Je ne défends pas le principe de la révolution du 18 brumaire, ni la façon despotique dont il a été accompli. L'insurrection contre le pouvoir établi pourra être une nécessité, mais jamais un exemple qui puisse être donné en principe. Le 18 brumaire fut une violation flagrante de la constitution de l'an III, mais il faut avouer aussi qu'elle avait été déchirée audacieusement trois fois déjà. La question qu'il nous importe de résoudre, la voici : Le 18 brumaire sauva-t-il ou non la république ? Pour en décider, il faut connaître la situation de la France avant cet événement et ce qu'il en a été ensuite.* » Napoléon III a donc jugé, lui-même, son 18 brumaire, son 2 décembre. Le peuple français se vengea de la république *très-légitime* en donnant à Louis Bonaparte 7,500,000 suffrages. L'avenir jugera l'Empereur, et il lui sera favorable, parce que la postérité saura *quelle était la situation de la France avant cet événement et ce qu'elle a été depuis.*

Lorsque Louis Bonaparte, déposant l'écharpe républicaine, laissa le peuple le draper dans la pourpre du vainqueur d'Austerlitz, l'Angleterre trembla, car elle comprit que cette transformation était faite au nom d'un souvenir et d'une espérance. Ce fut alors que l'Europe, voyant se déployer les immenses ressources de la nation française, se demanda comment il se faisait qu'avec tant de puissance *les hom-*

mes de la liberté n'eussent rien osé *pour la liberté ;* ce fut alors qu'elle frémit à la pensée de ce qui aurait pu advenir si cette puissance avait été dans des mains capables de la diriger, et, tout d'abord, elle acquitta l'Empereur des reproches que lui adressaient ses ennemis politiques. L'Angleterre se mordit les mains ; car, dans Napoléon III montant les marches du trône, elle vit un homme qui avait dans sa pensée une politique tracée depuis longtemps ; un homme qui avait une tradition à suivre ; une tradition qui était la cause et la raison de son règne. Elle médita le passé de Louis Bonaparte, elle feuilleta ses œuvres politiques, et comprit que Wellington pouvait avoir été prophète. En effet, toutes les nouvelles institutions dans l'armée, tout ce grand développement dans l'administration, tous les travaux publics qui signalèrent l'avénement au trône de Napoléon III, étaient des traditions napoléoniennes. Il ne restait à l'Empereur qu'à tirer son épée et à suivre sur les champs de bataille les traces de Napoléon Ier. Les apôtres d'une réforme issue de l'alcôve d'Anne Boleyn, qui, joyeux et repus, se promènent au milieu d'une misère navrante, au milieu de malheureuses populations privées de pain, de vêtements, de chaussures, ne pouvaient supposer à Napoléon III une pensée humanitaire, une aspiration vers le bien-être social. Mais l'esprit de Napoléon III marchait avec l'esprit du siècle. Louis Bonaparte, avant de se

charger du fardeau de la couronne, avait interrogé
le héros martyr, et l'avait entendu lui répondre :
« *Marchez contre les idées du siècle, elles vous écra-
seront ; procédez par luttes, elles vous entraîneront ;
mettez-vous à leur tête, et vous pourrez les diriger.* »
L'Empereur avait compris que la toute-puissance du
droit, qui, à chaque jour, hâte sa marche et pénètre
les masses de même que les cabinets des princes, ne
sanctionne la guerre qu'autant qu'elle a pour mobile
un sentiment plus élevé que la seule envie de s'enri-
chir ou l'esprit de conquête. Napoléon III avait compris que, bien qu'une descente en Angleterre fût de
nature à satisfaire cette rivalité haineuse qui semble
dominer les deux nations, il fallait chercher d'avance
des moyens qui pussent sanctionner la justice de cet
acte.

Certes, l'Empereur des Français, assis sur son
trône au cœur de l'Europe, dans ce centre qui faisait
dire au grand Frédéric de Prusse : « Si j'étais roi de
France, je ne voudrais pas qu'en Europe on tirât un
coup de canon sans ma permission, » l'Empereur
des Français, avec ses grands moyens d'attaque et
de défense, disposant de toutes ses forces et pouvant
les transporter avec une vitesse extraordinaire sur
un point quelconque, sans même que ceux qu'il menace pussent s'en apercevoir, pouvait bien imposer
la loi à l'Angleterre. Mais sans doute la pensée de
l'Empereur n'était pas là : il voulait détruire l'An-

gleterre dans l'opinion publique, et la guerre d'Orient lui en a donné les moyens. Les défauts de l'organisation militaire de l'Angleterre se découvrirent à l'Europe, qui se moqua de son gouvernement et pleura le sort de ses braves malheureux. Il fallait même la blesser dans sa fierté, et l'Angleterre fut obligée de sacrifier, par le rappel forcé de lord Redcliffe, les intérêts de sa diplomatie en Orient. C'était la France impériale qui vengeait les humiliations de la France royale.

Nous voilà bientôt, peut-être, arrivés au dénoûment du drame politique. — La probabilité d'une guerre entre la France et l'Angleterre, guerre désirée ou redoutée suivant les opinions, les intérêts et les passions différentes, occupe l'Europe d'une façon très-sérieuse. Les journaux anglais ne cachent plus leurs craintes. On dirait que *Cherbourg* est considéré, dans leur pays, comme le mot d'ordre d'une lutte prochaine. Ils pressentent quelque chose de grave; ils voient l'horizon s'obscurcir, et, pour se donner du courage, ils mettent flamberge au vent et vont puiser dans l'histoire des souvenirs capables de les rassurer. Le *Daily-News*, par exemple, voulant nous donner une leçon historique, nous rappelle « *que dans le cours des siècles l'Angleterre a envahi dix fois la France, pour une seule fois que la France a envahi l'Angleterre.* » Et il dit ensuite : « *Qu'est-il arrivé qui fasse changer cette probabilité?....* » — Nous n'avons nulle prétention de nier l'histoire, et certes le journal anglais ne nous apprend rien qui ne fût connu et avoué d'avance par les Français. Que le *Daily-News* chante avec tant d'enthousiasme les fastes des armes britanniques, voilà son droit. Mais en disant : « *Qu'est-il arrivé qui fasse changer cette probabilité?* » il nous donne le droit de lui répondre que, puisqu'il veut aspirer au titre de professeur d'histoire, il ne devrait pas ignorer par quels motifs, historiques et politiques, cette tâche serait impossible aujourd'hui. Quelle puissance humaine pourrait imposer la loi à la France?... Et c'est l'Angleterre qui, selon le *Daily-News*, pourrait accomplir *cette probabilité!* Mais, en vérité, cela touche à la farce!... Pour commencer cette grande tâche, il faut des armées avant tout. Où sont-elles donc, les armées de l'Angleterre?... La France, qui n'a qu'à frapper du pied pour que de son sol jaillissent des soldats; la France, si fortement organisée, s'étonne de voir l'Angleterre envoyer dans l'Inde des renforts par régiment, elle qui y eût envoyé des armées. L'Angleterre, qui, mue par un suprême égoïsme, n'a pas voulu encore profiter du chemin de Suez, pour faire arriver plus promptement ses troupes dans les Indes; et qui, pour ne pas donner raison à M. de Lesseps, laisse mourir un à un ses braves soldats; l'Angleterre, qui est forcée de laisser constater dans ses journaux que, malgré tous les efforts des racoleurs et les pompeuses promesses faites à sa milice, 14,147 hommes seulement ont répondu à son appel depuis le 1er mars 1857 ; l'Angleterre, qui est forcée de laisser publier dans ses journaux que le sentiment militaire ne s'est pas développé dans son peuple, et que les directeurs de ses écoles viennent de décider qu'il faut élever les enfants militairement ; l'Angleterre, qui, prenant le *Morning-Advertiser* pour organe cette fois, provoque des *meetings* afin de protester contre le voyage de la reine à Cherbourg, et tout cela dans des phrases bien étranges, ferait-elle flotter son drapeau sur les rives de la Seine ?... Mais est-ce que le gouvernement d'outre-Manche ignore nos moyens de défense ? ne voit-il pas nos armées, nos flottes sur le pied de guerre ? Que le *Daily-News* nous permette de sourire, car ce serait bien risible de notre part de prendre cette question au sérieux.

Mais, puisque nous avons dit l'opinion de l'Europe sur l'avenir des relations politiques entre la France et l'Angleterre, l'on nous concédera bien que, sans prétention à nous poser en prophète ou en homme polique, nous pouvons considérer cet avenir selon notre sens.

Et d'abord, une guerre de conquête (nous l'avons dit) n'est pas possible, car il n'y a rien à gagner. Il n'y a aucune possibilité que les Français ou les Anglais puissent faire des conquêtes durables sur les mers ou sur les côtes de la nation leur rivale. L'esprit du siècle s'y oppose, et on ne peut pas le braver. Il n'y a donc à se quereller qu'en vue d'une influence ou d'une domination quelque part ailleurs. Dans ce cas, il faudrait toucher aux droits, aux territoires, aux susceptibilités des autres puissances, et une guerre européenne pourrait bien s'engager. Nous aurions alors l'Angleterre devant nous, mais non plus seule, non plus humble et obéissante ; dans une grande guerre, en effet, son argent achèterait bien vite les passions populaires et les colères des rois. Bien que l'Angleterre n'ait pas 500,000 hommes sous les armes, elle a des millions. Elle a même, dès à présent, des alliances nouvelles et elle en achètera d'autres. Ses journaux appellent l'Autriche, *son alliée de prédilection ;* la Prusse, et avec elle toute l'Allemagne, penche vers la Tamise. Le ministère Derby, issu des débris du ministère Palmerston qui creusa sa tombe avec le *conspiracy bill*, fera place à lord Russel qui, caressant de plus en plus le sceptre de Berlin, devenu anglais par ses affections, et cette Allemagne, centre des aspirations du noble lord, établira une alliance qui pourrait être funeste à l'Empire. L'Autriche, menacée à chaque instant de la banqueroute, pleure sa ruine prochaine et regarde avec effroi le chiffre de 1,612,000,000 de francs représentant *le déficit* de ses finances. Certes, les millions de l'Angleterre seraient les bienvenus pour cette pauvre maison d'Habsbourg, et elle serait bien heureuse de pouvoir échanger le sang de ses régiments contre de l'or. — Depuis le traité de Méthuen, le Portugal est devenu politiquement et commercialement un fief de l'Angleterre, car le gouvernement d'outre-Manche caresse l'espoir d'une nationalité ibérique, qui depuis longtemps est le rêve du cabinet de Lisbonne. Les Belges, qui pensent à chaque instant entendre le roulement du tambour français, se rangeraient peut-être avec joie contre les régiments de l'Empereur. Dans un instant, l'Europe crierait aux armes ; et la France, alors, se trouverait seule ; car son alliée véritable, la Russie, qui, en dépit des traités, a sa conquête à elle, ne perdrait pas l'occasion d'accomplir le legs de Pierre-le-Grand.

Napoléon III n'ignore pas, à coup sûr, de quelle façon l'Angleterre se venge : il verrait les factions, les partis, se montrer audacieux, excités par l'argent anglais. Les manœuvres ont déjà commencé. Les agitations dynastiques, les espérances des couronnés en perspective, les achats d'abonnements aux journaux en Belgique (l'*Étoile Belge* seule a un engagement de six mille!!) en France, en Angleterre, en Espagne, en Italie, pour qu'ils annoncent d'une voix plaintive les diverses phases de l'agitation, tous s'encouragent, s'exaltent, se renouvellent. Les *War-wick* sont en selle et ils n'attendent sans doute que l'instant de tirer l'écharpe qu'ils gardent dans la poche depuis longtemps. Même en Italie, les esprits commencent à tourner vers l'Angleterre, car John-Bull, le vieux renard, répète à l'oreille des patriotes italiens les paroles que lord Canning prononçait, il y a trente ans, pour effrayer les rois. Le Piémont, *anglais* par son premier ministre et par ses dettes, placé à la tête du mouvement progressif de l'Italie, ne pourrait pas se refuser à une alliance lorsque la réalisation de son rêve de dix ans serait la première condition de cette alliance. Et peut-être le voyage de M. le comte de Cavour, qui, après avoir assisté aux fêtes de Cherbourg, se rend à Londres, n'est-il pas sans *un intérêt politique*. — Il ne faut pas se fier à des illusions. Après le 2 décembre, si les rois de l'Europe ont envoyé, courrier sur courrier, leurs humbles autographes de congratulation, c'est parce que Napoléon III, entouré par 500,000 baïonnettes, imposa ce *placet* à l'Europe royale. Les couronnés virent dans cet Empire issu de l'urne populaire quelque chose de vague, quelque chose d'exploitable à l'ambition et au génie, et baissèrent la tête devant Napoléon III. Ils ne voyaient dans l'Empereur Napoléon que la révolution couronnée ; ils se rappelaient ses paroles : « *L'Empire n'est que la continuation de* 1789, » et, pour la plupart, ils le craignent et le respectent plus qu'ils ne l'aiment.

Est-ce qu'une coalition ne serait pas de nature à satisfaire la haine qu'ils cherchent vainement de cacher vis-à-vis de la puissance de l'Empereur ?...

Certes, la nation française ne reculerait pas, même en face de toute l'Europe, car la gloire est sa devise ; mais, alors, combien de terribles épreuves, combien de sacrifices !...

Une guerre contre l'Angleterre, dans laquelle cette puissance serait réduite à se défendre, pourrait avoir pour la France une grande probabilité de succès. Nous ne partageons pas les alarmes que ressentent les uns, comme nous ne nous associons pas à la confiance aveugle des autres. Une descente en Angleterre n'aurait pas lieu sans une grande bataille, dans laquelle combattraient la haine et le désespoir ; dans laquelle cet esprit séculaire d'inimitié qui existe entre les deux rivales, se révélerait par de barbares épisodes. C'est sur la mer (que les Anglais regardent comme le champ naturel de leurs victoires) que les deux puissances devraient se rencontrer. Dans ce cas, bien que la flotte française, pour l'esprit guerrier de ses équipages, la bravoure et l'habileté de ses officiers, ne puisse être jugée inférieure à aucune flotte de l'Angleterre, le succès pourrait être douteux. Certainement, une armée française, protégée par la flotte, parviendrait à débarquer sur les côtes de l'Angleterre ; car, supposant même que la lutte s'engage entre les deux escadres, nos vaisseaux protégeraient toujours la flottille, et même, dans la supposition d'une déroute, l'escadre française pourrait toujours tenir en respect l'escadre anglaise, jusqu'à ce que la flottille eût traversé la Manche et débarqué nos régiments. Mais est-ce que 300,000 hommes, bien que d'un courage sans égal, pourraient soumettre 21,000,000 d'habitants ayant pour devise l'orgueil de l'indépendance et la haine à tout ce qui leur vient de France ?.. Est-ce que l'esprit anglais ne pourrait pas se révolter contre une invasion qui, apparemment, n'aurait d'autre but qu'une conquête ?.. — Nous avons assisté dans l'histoire aux luttes soutenues par les envahis contre les envahisseurs ; nous avons vu le droit des gens consacrer cette résistance et nous ne pourrions comprendre comment de nouvelles invasions pourraient être possibles. — Et si la flotte anglaise, sortant d'une victoire, après avoir brûlé notre flottille et poursuivi les restes de la flotte française, pouvait empêcher toutes communications entre la France et ses braves soldats, qu'en sera-t-il de nos régiments ?.. Il est vrai que la France, poussant le cri de la vengeance, se lèverait comme un seul homme ; mais entre elle et ses fils s'étendrait la mer, et les menaces de la France s'étoufferaient sur ses bords, car on ne peut pas bâtir une flotte dans un jour. — Mais, supposant que la flotte française puisse gagner la victoire, l'Angleterre n'en serait pas encore aux abois, car avec ses moyens elle pourrait, dans peu de temps, mettre en ligne une escadre nouvelle. Elle n'aurait qu'à envoyer des ordres à ses vaisseaux dispersés sur toutes les mers, et nous n'ignorons pas que dans le conseil de l'Amirauté anglaise tout est préparé pour le faire. Certes, il faudrait du temps, et, pendant ce temps, les régiments français pourraient dicter à Londres la volonté de la France. — Mais, est-ce que la fortune sourirait à la France sur tous les champs de bataille, où les rois payés par le cabinet anglais se hâteraient de l'attaquer ?.. Est-ce que les factions ne s'empresseraient pas de créer des difficultés au gouvernement, même au nom du peuple, car c'est toujours avec ces mots sacrés que les tyrans et les incapables cherchent à tromper la crédulité publique?... Enfin, avec quel programme le gouvernement ferait-il la guerre ?.. Si nous interrogeons Napoléon III, il nous répondra : *« Une question dynastique toute pure ne pourrait plus aujourd'hui amener les résultats que l'histoire nous présente à chaque page. La guerre* DE TRENTE ANS *ne serait pas possible dans notre siècle, car les peuples et même les armées s'y refuseraient. Une question royale ne sera soutenue et défendue que lorsqu'on soutiendra avec elle la cause du droit et de la liberté. »* Combien de science il y a dans ces lignes, et comme elles viennent à propos ! — Pourquoi donc la guerre ?...

Il n'est pas dans nos intentions de nous poser en homme politique, nous n'aspirons pas à la devination, car ces prophètes modernes et surtout ceux qui, le jour du combat, disparaissent comme Hélie, n'ont jamais excité dans notre esprit qu'un sentiment de dégoût et de compassion. Faisant quelques observations toutes naturelles, nous n'avons d'autre idée que de les soumettre à l'esprit du peuple et nous attendons son jugement.

II.

Mais puisque l'Europe s'obstine, malgré toute probabilité, dans la croyance d'une guerre prochaine, que l'on nous permette de soulever un autre lambeau du voile qui cache la politique européenne. Nous nous empressons de dire que notre camp est toujours le camp de la supposition.

Un journal d'Angleterre, *the Nation*, disait, il n'y a que quelques mois, des paroles bien remarquables qui excitèrent la colère et la moquerie des factions politiques. Il ne faut pas oublier que ce journal de Dublin est l'organe de la jeune Irlande, de l'Irlande du peuple, de la terre d'O'Connell. « Certes, disait la *Nation*, Louis-Napoléon Bonaparte cédera aux généraux qui l'assurent de l'amour de l'armée. C'est donc la guerre que nous aurons. Voilà la cause de tous ces chemins de fer, de ces routes militaires qui, de chaque point de la France, sont destinés à rejoindre Cherbourg, Brest et Toulon. Les travaux sont poussés avec une vitesse extraordinaire qui démontre un but mystérieux. En peu d'heures, des forces

considérables peuvent être concentrées dans la mer
Méditerranée. Une grande flotte est déjà réunie dans
les eaux qui séparent la France de l'Angleterre, et
chaque jour de nouveaux vaisseaux vont s'y joindre.
Les forces de la France pourraient bien être à Londres en deux jours, et il ne faut pas oublier qu'une
fois Londres pris, l'Angleterre serait vaincue. Après,
quel changement !... L'Amérique devient maîtresse
du commerce oriental, tandis que la Méditerranée
devient encore une fois le centre du commerce européen. L'Angleterre descend au rang de la Hol-
lande, et Paris s'élève comme jadis la Rome des pre-
miers Césars, capitale de l'Occident, reine du dix-
neuvième siècle. »

Les paroles du journal irlandais n'auront pas
trouvé bon accueil en Angleterre, et peut-être personne n'aura manqué de juger l'article comme une
plaisanterie. Cependant, est-ce que par hasard il n'y
aurait pas dans ces lignes l'embryon d'une grande
politique déjà mûrie dans la pensée de Napoléon III ?... Est-ce que nous ne verrions pas là
quelque chose de semblable à la grande pensée de
Napoléon Ier, que sa mort seule, l'a empêché d'accomplir ?... Napoléon Bonaparte avait tracé la divi-
sion de l'Europe, peut-être même avait-il rêvé ce mi-
racle de grandeur et de puissance que l'histoire an-
cienne résume dans un mot : *Rome*. Le héros d'Arcole,
le génie de la guerre, pensait y parvenir avec la puis-

sance des armes. Mais, puisque les temps et les hommes ont changé, est-ce que Napoléon III ne pourrait pas accomplir avec une autre puissance le grand projet de son oncle, n'employant les armes que comme moyen secondaire ?... Un empire d'Occident qui aurait pour devise : « *Pain et liberté,* » ne devrait pas être un fantôme de nature à effrayer les démocrates purs. Pourquoi s'en tenir à la forme ?... La métaphysique peut bien se mêler à la liberté lorsqu'il n'est question que de théories, mais elle cesse d'être nécessaire vis-à-vis de la pratique. Nous ne pensons pas à repousser toute manifestation morale de la conscience humaine, mais nous sommes d'avis qu'il n'y aurait pas de honte à accepter de la toute-puissance de Napoléon III un degré de bien-être social qu'aujourd'hui encore un si grand nombre de nations est bien loin d'atteindre. L'Empereur connaît mieux que tout autre les conditions de l'Europe ; ce prince auquel ses ennemis politiques mêmes n'osent refuser le génie ; qui, seul, contient des intérêts, des passions, des ambitions qui, sans lui, se précipiteraient demain sur l'Europe, saurait bien lever un étendard qui pût ranger tous les peuples sous ses couleurs. Il ne faut point juger Napoléon III comme on jugerait tout autre prince. Napoléon peut tout ce qu'il veut ; il n'a à interroger que sa propre volonté ; il n'a pas besoin de traiter avec les banquiers, de se disputer avec les Parlements. Un ordre de l'Empereur, transmis par le télégraphe, suffit pour mettre en mouvement ses forces, pour imposer sa volonté à l'Europe. L'Angleterre et l'Autriche, qui voient tout cela, s'unissent, se pressent, et vont à la chasse des amitiés et des alliances, tandis que le cabinet de Saint-Pétersbourg, les yeux fixés sur Napoléon III, bien qu'occupé en apparence de la transformation intérieure de l'Empire, envoie ses régiments aux frontières de l'Autriche.

Napoléon III et Alexandre II ne font pas un mystère de leurs relations amicales ; après la guerre d'Orient, toute l'Europe vit les deux ennemis se tendre la main. Est-ce que l'entrevue de Stuttgard aurait tracé une grande page dans l'histoire européenne ?

Nous voilà encore obligé de nous arrêter dans nos considérations. On pourrait ajouter quelques observations et même quelques documents qu'il nous serait facile d'expliquer suivant nos suppositions ; mais nous chercherions vainement à le faire. Le bon sens du lecteur nous jugera. Seulement nous demandons, est-ce que dans le projet susdit l'on ne pourrait pas entrevoir la possibilité d'une grande guerre et, par conséquent, le dénoûment d'une politique qui semble échapper même aux calculs des hommes politiques ?... Mais, admettant que cette politique puisse un jour se réaliser, qu'est-ce que l'Europe

aurait à craindre ; qu'est-ce qu'elle aurait à es-
pérer ?...

III.

L'Europe va se transformer dans une révolution
pacifique ; elle marche vers le grand but d'une paix
définitive et universelle, qui n'est que le résumé de
toutes les aspirations, de tous les efforts, de toutes les
souffrances. La science martyre a racheté le monde :
la voilà, le flambeau à la main, éclairant la route de
l'humanité. La vertu ne sera plus un mot de conven-
tion, car Brutus a été vaincu par Christ et Rousseau.
L'esprit ancien du nationalisme, préjugé produit par
l'ignorance de la philosophie sociale, doit être rem-
placé par l'esprit humanitaire. L'unité, l'Europe,
l'humanité, voilà l'avenir. Et ce qui signale la marche éminemment civilisatrice de l'Europe, c'est que
ce sont les rois mêmes qui prononcent ce mot de
réforme, tendant à organiser le règne de la justice et
du droit. La tyrannie classique, tombée sous la puissance de la civilisation, n'a laissé derrière elle que
des miniatures risibles, des anomalies inconcevables
et que nous espérons voir disparaître bien vite dans
l'intérêt du bien-être universel. Les novateurs ont
essayé leurs forces, et l'insuccès a démontré leur impuissance. Ils poursuivirent le grand but de la liberté, mais, n'ayant point la patience d'y arriver par

des voies fatigantes, ils préférèrent prendre les ailes d'Icare. Ils voulurent substituer la conclusion à la préface et, pour forcer la marche d'un siècle, ornèrent ses idées de brillantes métaphores et de vaines déclamations. Mais ils osèrent en pure perte, car la perfectibilité théorique s'est toujours brisée contre les difficultés de la pratique.

Aujourd'hui, il faut que la liberté se développe sur ses bases philosophiques d'une façon sérieuse, protégée et dirigée par la toute-puissance de la force de l'intelligence, par un esprit qui sache la conduire dans les voies progressives, et qui puisse la sauver de tous ces excès qui ajournent à des siècles son accomplissement. Lorsqu'un gouvernement établi sur le suffrage universel cherche de tout son pouvoir le bien-être de la société qu'il représente, et, par le développement des activités morales et matérielles, poursuit dans une marche uniforme le grand but du progrès, ce gouvernement devient le gardien naturel de la liberté et se rend inviolable avec elle. Voilà sur quelles bases inébranlables s'est fondé le gouvernement de Napoléon III. « *Lorsqu'un gouvernement s'élève sur les ruines d'un autre gouvernement, pour rendre sa destruction irrévocable, il faut que le successeur sache faire mieux,* » disait Louis Bonaparte au général Piat. Napoléon III peut aujourd'hui opposer aux théories des rhéteurs et des tribuns ambitieux, des grands faits intellectuels et matériels, leur donner le spectacle d'un peuple calme, fier à bon droit de sa gloire rajeunie, de sa grandeur morale.

En face de cette vérité, que sont-ils ces vieux drapeaux élevés par les hommes de parti?... Qu'est-ce qu'ils demandent?... Leur logique n'est que la logique des factions : leur cause est enterrée à jamais. Qu'ils présentent leur histoire : le peuple les jugera.

Aujourd'hui le peuple ne se courbe plus devant les vieux parchemins, car le temps où ils n'étaient que l'apanage d'une famille est passé irrévocablement. Aujourd'hui il ne reconnaît d'autre maître que la loi, et il comprend ses devoirs, seulement parce qu'il comprend en même temps ses droits. — Le peuple juge d'après les œuvres, dresse une couronne immortelle à ses rois lorsqu'ils signalent leur puissance par des bienfaits et par le respect de ce qui forme le patrimoine moral d'une nation, et oublie vite les autres. Nous disions qu'aujourd'hui les rois mêmes, traînés à la barre de l'opinion, se plaçaient à la tête du mouvement politique. En effet, lorsque Napoléon III vient de proclamer un programme d'ordre et de liberté dans la nomination au gouvernement de l'intérieur d'un homme qui réunit l'estime et la sympathie universelle, M. Delangle; tandis que l'Europe étonnée voit à chaque instant des nouveaux projets se faire jour à travers le mystère qui semble entourer le cabinet des Tuileries, et qu'elle est obligée

de reconnaître dans les actes de l'Empereur le développement d'une grande politique (que personne n'a
encore devinée dans toute sa profondeur!); d'un autre
côté de l'Europe, l'Empereur Alexandre II répond
aux démocrates de 1825, aux frères de Bestuget et
de Pestel, en créant une nouvelle Russie, avec l'u-
kase de l'émancipation des serfs. Il trace les lignes
d'une politique à venir qui fera de son règne le siècle
d'or de la Russie, car l'Empereur saura développer
tous les immenses moyens dont son Empire peut dis-
poser pour devenir le second grand centre de la civilisation. Lorsque Napoléon III et Alexandre II se
tendront la main pour s'aider dans leurs efforts, pour
faire de cette grande thèse philosophique qui s'ap-
pelle *la liberté*, un problème d'économie sociale,
bien des blessures seront cicatrisées et bien des
larmes essuyées.

L'esprit de la liberté éclairant les rois et les peuples sur leurs intérêts véritables, est destiné à nous
conduire à de grands résultats. Il semble que tout
penche vers une grande rénovation, dirigée par
quelque gouvernement, en dépit des protestations
officielles des autres et de l'esprit d'opposition qui
semble présider aux décisions de certain cabinet di-
plomatique aspirant à une renommée démocratique.

Mais que faut-il obtenir au nom de cette grande
rénovation, au nom de cette liberté raisonnable, qui,
suivant les lois du progrès et de l'esprit, doit dominer

les hommes? Il lui faut la victoire sur tous ses ennemis. La politique du gouvernement d'Angleterre,
avec ses crimes, ses erreurs, ses prétentions, ses
forfaits, voilà, selon nous, l'obstacle tout-puissant à
la marche raisonnable de la liberté, à la réalisation
des vues secrètes de l'Empereur Napoléon. Ce n'est
pas aux hommes d'État qui gouvernent actuellement
l'Angleterre que nous nous adressons, mais c'est la
politique séculaire du cabinet d'outre-Manche, c'est
la forme de sa constitution que nous voulons dénoncer
à l'Europe populaire. Bien que la constitution anglaise ait des panégyristes; bien que des hautes intelligences aient pris à tâche de célébrer le gouvernement d'outre-Manche qui, depuis des siècles, a
imposé ses volontés à l'Europe, nous n'hésitons pas
à en faire ici une analyse, peut-être cuisante, mais
d'une vérité irrécusable. Certes, nous n'espérons pas
convaincre les admirateurs enthousiastes de tout
ce qui est anglais, depuis les combats des coqs endi-
manchés jusqu'à la manie *boxeuse* des *Londoners*.
Dieu merci, ce n'est pas jusque-là que nous poussons
nos prétentions ; mais il nous est permis de critiquer
les bases fondamentales de la société d'outre-Manche.
Nous demanderons ensuite que l'on nous prouve le
contraire de ce que nous disons, ou que l'on con-
vienne avec nous que la politique anglaise est l'enne-
mie le plus redoutable de la liberté européenne. Ce
n'est pas la haine qui nous pousse; nous ne parta-

geons pas cet esprit d'opposition et de rivalité que la loi naturelle ne saurait que condamner. Au contraire, nous témoignons hautement au peuple d'Angleterre toute notre sympathie ; nous lui reconnaissons de l'intelligence, de la bravoure, et l'esprit de l'indépendance au plus haut degré. Malheureusement, après sa grande révolution, dans laquelle Cromwell, l'*Évangile dans une main et l'épée dans l'autre,* comme dit Voltaire, lui donna une leçon de liberté, le peuple d'Angleterre, ne voyant que ses lauriers, ne comprit pas qu'il fallait corriger sa carte suivant la marche de la pensée. C'est dans un esprit de fraternité que nous lui dédions ces observations ; que nous lui crions : « *Regarde tes plaies, toi qui meurs de faim au milieu de la plus grande abondance et sous les regards d'une opulence insultante,* » persuadé que le peuple d'Angleterre, que cette foule de travailleurs, condamnée à croupir dans la plus affreuse misère, nous tendra la main avec un sentiment de reconnaissance.

Qu'est-ce que c'est d'abord que la propriété en Angleterre ?...

Ce n'est qu'un assassinat juridique organisé sur une échelle très-étendue. En Angleterre, la constitution de la propriété, et, en général, tous les rapports existants entre le producteur et le capitaliste sont l'application la plus dénaturée des théories sauvages de Malthus, ce génie si peu compris du vulgaire, ce

Machiavel de l'économie politique. La féodalité in-
dustrielle absorbe toutes les richesses ; les capitaux,
suivant la loi de gravité, tendent de plus en plus à se
centraliser. Le sol est resté l'héritage de quelques
familles aristocratiques ; les agriculteurs sont atta-
chés à la glèbe *(adstricti glebæ)*, comme les vassaux
du moyen âge. Tous les vices, tous les excès de la
grande propriété, se font jour à travers le prisme
d'une liberté dérisoire, qui n'est, pour le plus grand
nombre, que le droit de mourir de faim. L'égalité
devant la loi ne dépasse pas le domaine de la métaphysique ; dans le fait, il y a la plus criante inégalité
de conditions et même une insuffisance absolue de
salaire. Dans ce pays, tout est à vendre : depuis les
suffrages des *hustings* jusqu'au suprême degré de la
hiérarchie civile, militaire et ecclésiastique. Con-
currence et monopole ! se sont les deux pôles de la
société anglaise dans l'ordre économique, comme le
juge et le bourreau le sont dans l'ordre politique.

Qu'est-ce que la religion en Angleterre ?...

C'est un *fac-simile* du romanisme. Nous citons
textuellement une autorité qui est loin d'être sus-
pecte :

« Il est certain que le schisme anglican est une
« anomalie fondée sur des préjugés politiques :
« ils (les Anglais) redoutent l'influence d'un clergé
« participant aux affaires, et le corps des évêques
« fournit vingt-quatre prélats à la Chambre des

« lords ; ils trouvent une garantie contre l'esprit de
« corporation dans le mariage des prêtres, et l'esprit
« de prosélytisme donne souvent dans les Chambres
« un ascendant invincible au clergé ; la hiérarchie
« romaine leur paraît envahissante, et les biens de
« main-morte, ainsi que les revenus de l'archevêque
« de Cantorbéry, s'élèvent à des proportions scanda-
« leuses. L'influence de la famille n'est, dans la classe
« inférieure des desservants, qu'un instrument de
« misère et, par conséquent, de vénalité. Parmi les
« prélats, elle ajoute à l'étroit esprit de coterie
« l'instinct de la rapacité domestique ; et telle est la
« rigidité anglicane que la loi, en leur accordant une
« compagne, ne leur donne en réalité qu'une ser-
« vante. Leurs fils perpétuent des dynasties sacer-
« dotales ; leurs filles vont racoler dans les familles
« où elles s'allient des auxiliaires puissants et de
« nouveaux moyens d'influence.

« Il existe aussi un tribunal civil qui exciterait
« chez nous une juste et victorieuse opposition, c'est
« le *Doctor's Commons*, ou la *Cour ecclésiastique*,
« assemblée cléricale qui octroie, moyennant finan-
« ces, les dispenses des bans pour les mariages, qui
« reçoit le dépôt des testaments, préside à leur ou-
« verture, et retient les causes relatives aux succes-
« sions et à l'administration des héritages. CE TRIBU-
« NAL SACERDOTAL EXERCE AUSSI UNE ACTION AU CRIMI-
« NEL PAR RAPPORT AUX DÉLITS CONTRE LA RELIGION.

« Voilà qui nous reporte aux us et coutumes du
« quatorzième siècle. » (Francis Wey, *les Anglais
chez eux*, page 131.)

Qu'est-ce que c'est que la famille ?

C'est l'esclavage légal de la femme condamnée à
vivre dans une minorité perpétuelle ; — c'est la
violation primordiale de l'égalité naturelle par le
droit d'aînesse ; c'est le *mariage* civilisé avec son
cortége ordinaire, cortége de querelles, de sépara-
tions de corps et de biens. Chez ce peuple, il existe
même toujours une bienheureuse loi patriarcale :
cette loi donne au mari le droit d'amener au marché,
avec une corde au cou, sa femme pécheresse.

Voilà les bases fondamentales de la constitution
anglaise ; et même ce que nous venons de dire n'est
qu'un tableau incolore, qu'un pauvre échantillon de
ce qui se passe en Angleterre.

*Quel est l'esprit de liberté qui préside aux déci-
sions du gouvernement d'Angleterre ?...*

Au cabinet de Saint-James, la démocratie n'a pas
de représentant. L'Angleterre aristocratique, bien
qu'elle ait souvent plié devant les exigences de quelques factions, est restée néanmoins imbue de tous les
préjugés inhérents à sa race. Elle n'a fait que caresser
dans le peuple cette persuasion de supériorité, cette
conviction de liberté qui empêche, en Angleterre,
les efforts des libres penseurs. En effet, tandis que
la pensée révolutionnaire allait vite sur le continent,

les Anglais, grâce à cette persuasion, se bornaient à admirer cette marche victorieuse, toujours convaincus que toutes les luttes de liberté que l'Europe soutient, tous les sacrifices de sang, toutes. les protestations du droit et les inspirations de l'avenir, ne valaient pas un *meeting* de Hayd-Park. Et lorsque quelquefois le peuple osait demander, non des fiches de consolations politiques, mais des garanties pour sa subsistance (problème dans lequel, selon notre avis, est placée toute la question sociale, que les rhéteurs réduisent à une simple théorie), l'aristocratie gouvernementale jetait à la foule le mot mensonger de *réforme* comme une boulette soporative.

Quelle a été la politique de ce gouvernement vis-à-vis de ses peuples et de ses conquêtes?...

Nous n'aurions qu'à citer l'histoire de la domination anglaise sur les pauvres Irlandais, privés pour longtemps de tous droits et restés en dehors de toutes institutions, pour édifier les enthousiastes de la liberté anglaise. En outre, le drame terrible de la révolution de l'Inde parle hautement. Le gouvernement d'Angleterre a écrit dans l'Inde une histoire sanglante; il n'a rien fait pour légitimer sa conquête, pour arracher ces malheureux à leur dégradation matérielle et morale, lui qui se proclamait à la face du monde entier le chevalier errant de la civilisation; il a appris la cruauté à ces pauvres Hindous; il a entretenu à dessein l'antagonisme des castes; il les a armées les unes contre les autres, jusqu'au jour où, par une loi terrible de compensation, les Indiens tournèrent contre les Anglais ces mêmes armes dont on leur avait appris l'usage dans un but bien différent. Si aujourd'hui les Indiens se comptent au milieu de ces luxuriantes végétations qui ne leur rapportèrent que des coups de fouet, et changent en épées leurs pioches, rendant impossible la continuation de l'Empire anglais, il en faut accuser le gouvernement de Londres qui, pour plaire aux Harpagons, ne s'est arrêté devant aucune considération. C'est ainsi que le gouvernement britannique perdit les colonies américaines, et c'est ainsi qu'il a perdu les Indes ; car, en dépit des sacrifices héroïques des troupes anglaises et de tous leurs succès partiels, le gouvernement britannique ne parviendra jamais à soumettre cent millions d'hommes insurgés, dans la haine et le désespoir, avec le peu de soldats qu'il envoie par centaines sur le théâtre de la guerre, et qui sont condamnés à devenir la proie du soleil et du choléra avant de croiser leurs baïonnettes avec les *rebelles*. Les journaux anglais eux-mêmes commencent à s'en douter, et le *Times* se console de la perte d'un Empire dans l'idée que les Anglais ne payeront pas les lettres de change qu'ils ont créées, puisque les créanciers rebelles ne pourront les faire protester.

Quelle est son histoire ?

Parga vendue, l'Italie abandonnée toujours, après

mille promesses ; tous les peuples trahis par ce gouvernement dès l'instant où son intérêt lui en faisait
un devoir ;.voilà son programme politique établi en
dépit des protestations du noble peuple d'Angleterre.
Mais ce peuple ne pourra-t-il pas forcer ses hommes
d'État à se réconcilier avec les idées démocratiques?...
C'est ce que nous verrons dans peu de temps. Que
le cabinet d'outre-Manche y songe ; car, dans les
événements qui vont se dérouler, il pourrait se trou-
ver seul, il pourrait même voir se ranger contre lui
ces hommes qu'il a condamnés aux étreintes conti-
nuelles de la faim et du froid dans les bourbiers de
la métropole, et aux coups du [contre-maître dans
les ateliers méphitiques.

Nous l'avons dit : quelle que soit cette politique à
venir, il n'y a plus de guerre possible, si ce n'est une
guerre de recomposition sociale. L'Europe, vieillie
par les crimes des puissants et les souffrances des
peuples, doit être rachetée : que le bronze et l'acier
qui l'ont asservie la délivrent. Si cette lutte doit
avoir lieu, nous appelons de tous nos vœux le jour
où elle commencera, et si le gouvernement de l'Angleterre se range parmi les ennemis, nous, les pre-
miers, jetterons ce cri : Guerre à l'Angleterre ! Nous
verrons avec enthousiasme nos navires se mettre en
ligne, nos régiments défiler fièrement devant Napoléon III, et nous crierons à l'Empereur : « Sire, le
peuple d'Angleterre n'est pas contre vous ; vous

n'avez en face que tous ces Sardanapales de la Tamise qui, buvant dans des coupes d'or la sueur de cent millions d'ilotes, se posent en pachas de la civilisation. Sire, votre gloire ne sera pas celle des conquérants, mais vos cendres seront déposées dans le temple de l'humanité. »

Le martyr de Sainte-Hélène demanda un jour *quelle était cette ombre qui se dressait géante à l'horizon;* la voix d'un grand peuple lui répondit : GEORGES WASHINGTON.

Napoléon Bonaparte courba la tête et dit : *Tu es plus grand que moi.* Les libres fils de l'Amérique tressent chaque année une nouvelle couronne civique à Washington. L'Europe tressera chaque année et dans tous les siècles à venir une couronne de laurier et d'olivier pour parer dans l'histoire le front de Napoléon III, qui veut, qui saura infuser le sang jeune et chaud de la liberté réelle dans les veines appauvries de la vieille Europe.

Imprimerie de L. TINTERLIN et Cᵉ, rue Neuve-des-Bons-Enfants, 3.